LA LAZARÉIDE

OU

LE JEU DE BATAILLON

Poème épique, local, enfantin, satirique et tragi-comique, mêlé
de mots patois, avec Prologue et Épilogue

PAR

Ed. CHEVRET

EN VENTE PARTOUT

Prix : 25 cent.

MARSEILLE
IMPRIMERIE SAINT-LAZARE, J. DOUCET
Rue Fontaine-Saint-Lazare, 5
—
1874

LA LAZARÉÏDE

OU

LE JEU DE BATAILLON

Poème épique, local, enfantin, satirique et tragi-comique, mêlé
de mots patois, avec Prologue et Épilogue

PAR

Ed. CHEVRET

MARSEILLE
IMPRIMERIE SAINT-LAZARE, J. DOUCET
Rue Fontaine-Saint-Lazare, 5

1874

PRÉFACE

Puisqu'à l'âge d'airain succède un âge pire,
Puisque l'âge de fer, légué par l'ex-empire,
Terrorise à ce point la vérité raison
Qu'elle aime mieux dormir dans son puits qu'en prison ;
Puisque l'arbre sacré du peuple, spectre jaune,
S'éteint......................................
....

Puisque, dans cette époque exécrable et maudite,
Quelque chose d'affreux comme un hermaphrodite,
Marche avec la luxure au mépris de l'amour ;
Puisque le ramier saigne aux serres du vautour;
....
....

Puisque la ruche à miel, sur un sol inclément
Chôme, végète, souffre et meurt d'épuisement ;
Puisqu'on entend, dans l'air étouffant qu'on respire,
Dire à la foi : « je pars ! » à la pitié : « j'expire ! »
....
....

Viens, Muse, allons-nous en à l'abri des tripots
Chercher dans l'*anodin*, un moment de repos.

LA LAZARÉIDE

OU LE JEU DE BATAILLON

Poème épique, local, enfantin, satirique et tragi-comique, mêlés de mots patois, avec Prologue et Epilogue

PROLOGUE

(CONSEIL AUX GENS DU QUARTIER)

Bourgeois du chemin d'Aix, Rentiers de Saint-Lazare,
Voisins de l'abattoir, des docks et de la gare ;
Enfants du *Lazaret* qui, jusque sous les toits,
Peuplez des quatre îlots les cabanons étroits,
Vous, qui tournant le dos au sud, malgré l'usage,
Recevez du mistral le souffle en plein visage,
Au risque d'attraper, en ce quartier nouveau,
Bronchites, fluxions et rhumes de cerveau,
Ecoutez ! — C'est pour vous que j'ouvre ces chapitres.
Si vous ne voulez pas qu'on vous casse les vitres,
Qu'on vous démanche un bras, ou qu'on vous crève un œil
Si vous ne voulez pas, en quittant votre seuil,
Que le rebord aigu de quelques pierres plates
Vienne vous lapider entre les omoplates,
Hâtez-vous de fermer votre porte au jeudi.

Le jeudi c'est le jour où, du nord au midi,
D'un *fourniguier* d'enfants, échappés de l'école,
L'escadron tapageur, sans cheval, caracole,
Et vient au *Lazaret* planter le pavillon
De son jeu favori, dit : « Jeu de *bataillon*. »

Dès que les *massacans* vont commencer la charge,
Je plains les habitants qui, sans passer au large,
Voudraient, sous les *palés* qui pleuvent par millier,
Gagner de leur maison la rampe et l'escalier.

Déjà, le *Lazaret*, en face de la lutte,
Voit l'îlot *Pontevès* aux coups de pierre en butte,
L'îlot *Chevalier Paul*, en ses derniers abois,
Fermer le magasin de l'épicier Dubois.

Le savetier du coin, tapis dans son échoppe,
Sous un rouleau de cuir que la peur enveloppe,
Se couche pour se mettre à l'abri du péril,
Comme s'il s'agissait de quelque *Quatre Avril*.
Episode néfaste où l'on voyait les haies
Faire, au lieu d'aubépine, épanouir des plaies,
Où le printemps faisait, le long des échalas,
Eclore des obus en guise de lilas.

Ah ! que de notre esprit ce souvenir s'efface !
Au jeu de *bataillon* bien loin de faire face,
Hâtons-nous, s'il vous plaît, de nous mettre à l'écart.
A l'horloge des Docks il est une heure un quart.

LAZARE dit L'INDOMPTABLE

Oh ! terreur, qu'ai-je vu ? le *bataillon* commence.
L'air palpite et s'emplit d'une clameur immense ;
Dans les camps ennemis, déjà les plus vaillants
Ont, par ni les cailloux, choisi les plus saillants.
Un gamin de neuf ans se présente, et, d'un signe,
Il les fait, sur trois rangs, à peu près mettre en ligne.
Tous l'ont élu pour chef. C'est un *quécou*. Son nom
Farouche fait pâlir celui d'Agamemnon.
Son habit de campagne est simple : une ficelle
Retient son pantalon en guise de bretelle.
Pour courir dans le sable ou sur les blocs grainus,
Pas de souliers ; il est chaussé de ses pieds nus.
Prompt comme le tonnerre, ou calme comme l'huile,
Il va, tête levée, à travers brique ou tuile ;
Il s'appelle *Lazare*, et le vieux *Lazaret*
Le vit toujours debout, au combat toujours prêt.
Il a pour lieutenants, des gens à poigne raide
Comme celle d'*Ajax*, d'*Achille* et de *Tancrède*,
Noms fameux accouplés à des noms communs
Que *Nazau, Desnara, Barbabou, Pignatel*,
Quécou déterminés faisant ; comme *Ancelade*,
Voyager, dans les airs le caillou dit *calade*,
Et, qui le soir venu, ne sont jamais fâchés
De rentrer sous la tente avec les yeux pochés.
Lazare soucieux surnommé l'indomptable,
Pour consulter son plan a fouillé son cartable.
Le champ du *Lazaret*, secondant ses efforts,
Lui présente des tours, des redoutes, des forts,
Un plateau caillouteux qui lui sert à merveille,
L'ingénieux terrain, dès qu'il a plu, la veille,
Offre à ses combattants au moment de l'assaut,
Des fleuves que, sans pont on peut franchir d'un saut,
Et ce champ, que la peste envahissait naguère,
Transforme un *Lazaret* en échiquier de guerre
Avant ! les voilà qui rompent les faisceaux
D'anguleux *massacans* élevés en monceaux.

PITALUGUE L'INVULNÉRABLE

Le chef de l'autre armée a pour nom *Pitalugue*.
Son œil de feu pétille, et lance des *bélugues*
Comme, sous le marteau, le fer du forgeron.
Il est nerveux, *raplot*, et surtout peu poltron.
Contemplez ce Roland furieux d'un autre âge.
Il fait dans ses poumons, bouillonner son courage
Comme le pot-au-feu, qui bout sur les charbons,
Soulève, en écumant, son couvercle, par bonds.

Ce héros ne doit rien au vaillant fils d'Hécube.
Chacun connaît le poids de la valeur qu'il cube ;
Il est invulnérable, et sur son large flanc,
Le caillou rebondit et ricoche en sifflant.
Et l'on dit que les coups de *tomette* ou de brique,
Redoutent de ses yeux la décharge électrique.

A la vulgarité du nom commun qu'il a
Il joint le bras d'Hercule et le front d'Atila
Tout tremble devant lui quand son courroux s'allume,
Le plus lourd *massaçan* n'est pour lui qu'une plume.
Et ce *palé* lancé, retombant sans retard,
Fait, dans le roc, l'effet de la poudre à pétard.

COMBAT D'AVANT-GARDE

Mais un coup de *calade*, avec ou sans riposte,
A suffi pour donner l'alarme aux avants-postes.
Des trombes de cailloux, font jusqu'au *Château-Vert*,
Des cabanons d'*Arenc* trembler le ciel ouvert.
Debout près du plateau qui domine la route,
Sur la butte escarpée, où quelque chèvre broute,

Un pâtre soucieux écoute, et voit, d'en haut,
Quelque chose de noir figurant un assaut.
Grelottante au bruit sourd de ce lointain choc d'armes
La chèvre grimpe, et pousse un bêlement d'alarme ;
Et soudain du bercail reprenant le sillon,
Chèvre et berger ont fui devant le *bataillon*.

GATTOU et BISQUOU dits les SANS PÉTOUCHE

et MACARI dit LE FIN

Voici GATTOU sans peur, et BISQUOU sans pétouche.
Pour eux un *caraman* vaut mieux qu'une cartouche.
Quécous aventureux ; *avanti lei foutraou* ;
Va, quiche, *piqua fouar et surtou, gare ei traou*.

Voyez-les ; avec centre, aile droite, aile gauche,
C'est tout une bataille où le caillou ricoche,
Et, sur le *casaquin* des vaincus prosternés,
En arrachant des dents déracine des nez,
Ou des yeux *espooutis* la brouillade complète
Coule comme des œufs cassés dans l'omelette.

Sitôt que l'un d'entr'eux d'un coup de pierre atteint
Frappe sur le carreau d'un sang généreux teint,
Deux petits infirmiers le prennent en silence,
Et le vont déposer sur un lit d'ambulance.
MACARI dit le fin, tranquille sur son sort,
En lui tâtant le pouls, s'écrie : « il n'est pas mort.
« S'il s'est laissé tomber comme un paquet d'*estrasse*,
« C'est parce qu'il avait mal bouclé sa cuirasse.
« Débouclez ses cuissards et donnez-lui de l'air.
« Faites-lui respirer quelques gouttes d'éther.

« Des brouillards de la nuit préservez sa paupière.
« S'il a froid, mettez-lui, sous la tête, une pierre.
« Suivez mon ordonnance, et de lui je réponds.
« Bonjour, je vais panser les autres moribonds,
« Dont les nez sont en pâte, et les yeux en compote. »

Et pendant qu'il s'en va soigner sa gibelotte,
L'infirmier, de la pièce humide, canonnier,
Pense que son major est au moins cuisinier.

BATAILLE DE L'ILOT PONTEVÈS

Mais, sur un autre point un autre assaut s'engage.
Alors, avec le bruit d'un navire au tangage,
Les maisons de *Pontevès*, des toits à l'entre-sol,
Craquent en ébranlant l'îlot *Chevalier Paul* :
Salon, chambre à coucher, cuisine, tout chancelle
Avec un effrayant cliquetis de vaisselle
Comme si ces îlots, qui sont pourtant debout,
Avaient été bâtis sur un volcan qui bout.
Queirades, caramans, calades noires, blanches,
Surtout les *portissoous* roulent en avalanches ;
Briques, tuiles, débris d'assiette, de plateau
De faïence taillés en lame de couteau,
Comme on voit, au désert, tomber les sauterelles,
Sur le dos des fuyards pleuvent comme des grêles.
Et vont, en ricochant, ébranler, de leurs chocs,
Les volets des maisons de vis-à-vis les docks.
Déluge de *palés* mugissant à la ronde,
Où chaque projectile, avec un bruit de fronde,
Va, comme un diamant, ciseler, n'importe où,
Dans la vitre, un soleil dont le disque est un trou.

Malheur au béquillard qui lentement se traîne,
Aux abords meurtriers de la pierreuse arène,
Malheur au *Lagardère*, à l'*Esope* amoureux,
Qui voudrait affronter ce chemin dangereux.
S'il reçoit, sur l'échine, une pierre brutale,
Si, pour panser sa plaie, il n'a rien dans sa malle,
Il est sûr, en rentrant, d'affliger ses témoins
D'une bosse de plus, sinon d'un œil de moins.

Sous les coups de bâton qui lui cassent les côtes,
Un malheureux *bidet*, sur le chemin des Crottes,
Trainant le charetton d'un marchand de lapins,
Semble dire, en *bramant* sous les coups d'*estoupins*:
« Vraiment, cela vous fait partir la *carnavelle*.
« Quoi! ce n'est point assez des coups de *taravelle*! »
Et le peuple contrit s'écrie, en le plaignant :
« Zou ! Azaï su d'un aï ! hi ! faï tira Magnan ! »

LE TROU DE LA SORCIÈRE

Le grand îlot *Rodier*, voisin de *saint-Lazare*,
Tourne, en donnant au sud, sur un sol d'herbe avare,
Terrain neutre où se dresse un méchant cabanon,
Un loup-garou femelle à mine de guenon,
Sorcière du vieux temps, qu'un mystère enveloppe,
Sans souci du loyer, habite cette échoppe.
Elle vit dans ce trou comme elle borgne et sourd.
Sa chambre est si petite, et son lit est si court,
Que, pendant son sommeil, sa jambe prisonnière,
Entre porte et plancher, sort par la *gatounière*,
(Sorte de trou carré, comme un guichet étroit,
Fait pour que les matous qui descendent du toit,
Après avoir causé d'amour à *gatamiaoule*,
Puissent rentrer, la nuit, sans ôter la *cadaoule*)
Une plaque de zinc, inclinée en avant,
Garantit ses jarrets de la pluie et du vent,

Et lui tient les pieds chauds comme un chat qui soupire,
Aux pieds du noir chaudron des goules de Schekspire.
En guise de rideau, dans l'habitacle impur,
Une peau de lapin est placardée au mur.
Tous les jours vous voyez cette vieille *Tarasque*,
Plus sèche que la peau d'un vieux tambour de basque,
Trier des clous rouillés et des os dans un sac,
Faire sécher au feu des chiques de tabac,
Et, dans un vieux *peiroou*, du bout de sa quenouille,
Tourner l'épais bouillon de sa noire tambouille.
Un *matou* noir et gris, aplati sur le flanc,
Fait, devant le *peiroou*, la *radasse* en ronflant ;
Près de *l'escudelier*, *roupie* une *machouette*
N'ayant pour tout perchoir, qu'un fémur de squelette.

La *Tarasque* a fait pacte avec le diable. — On dit
Qu'un coup de *massacan* sur son poitrail bondit,
Qu'aux amoureux transis, la nuit, au clair de lune,
Elle dit la mauvaise ou la bonne fortune,
Qu'elle fait des *tasseou* pour calmer les douleurs,
Qu'elle charme, au besoin, les *limberts* sous les fleurs,
Que son diabolique esprit de somnambule
Arrête ou fait marcher l'aiguille à la pendule,
Que l'oblique regard de son œil louche et laid
Enmasque un nourrisson en lui coupant le lait,
Et que son souffle enfin, par un fatal prodige,
Fait mourir, dans les champs, les plantes sur leur tige.
Prêtresse de l'Érèbe et de l'Empire noir,
Son nom est *Rababéou, Fache de malamouar!*
Pour garder sa caverne, elle tient à sa porte,
D'une bande de chiens, de la plus sale sorte
Hargneux, *rascous* cretins, *mooupigna*, mais appris
A vivre avec les rats et les chauves-souris.

Constantinople, au bord du plus beau des rivages,
Qui laisse, en liberté, courir les chiens sauvages,
Ne toléra jamais chenils plus dévorants.
L'antre de la sorcière, est plein de chiens errants,
Qui mangent dans l'ordure et lappent dans l'eau salé.
Le *charpin*, qui les ronge à l'épine dorsale,

Semble implorer, pour eux, après qu'il ont *pâti*
Le *Mont Faucon* des chiens du faubourg Mempenti.
Le passant, qui les voit jeûner de côtelette,
Sous leur rogneuse peau, devine leur squelette,
Et déchire, à leurs crocs, son vêtement d'Elbeuf ;
Il est sûr, s'il n'est pas armé d'un nerf de bœuf,
De voir, entre leurs dents féroces et friandes,
Ses tibias jumeaux dépouillés de leurs viandes.

ARRIVÉE DE MOUREDU

MANŒUVRE CONTRE LA CAVALERIE. — SIÉGE ET BOMBARDEMENT DU NID DE LA TARASQUE.

Pour attaquer le nid de la *Tarasque*, il faut
Mûrir le plan qui doit favoriser l'assaut.
Comment faire ? — La meute est là qui veille, et grogne,
Cavalerie infecte et couverte de rogne.
Qui donc affronterait ces crocs proéminents ?
C'est *Mouredu* ! il vient avec ses lieutenants,
Leur communique à tous le plan de ses attaques,
Et, soudain, tous ces chiens, Prussiens, Hulans, Cosaques,
Ne rencontrent partout que des chemins barrés
Par quatre *bataillons* formés en huit carrés.
Va quicha fouar ! — Bientôt, les chiens les plus ingambes,
Blessés, *en malooutis*, la queue entre les jambes,
Criant, hurlant, jappant, boitant, fichant le camp.
Culbutés, balayés à coup de *massacan*,
Tombent sous les *foutraou* des carrés intrépides
Comme des Mameloucks au champ des Pyramides.

Vainement la sorcière en s'arrachant les yeux,
Veut rallier le corps de ses chiens vicieux.
Un coup de *massacan*, plus lourd qu'une *panisse*,
Fait partir, en éclat, *caraman* et *canisse*.
Alors, sur l'étagère, en forme d'*escouden*,
Limberts, caméléons confits dans l'*eigarden*,
D'attirail de sorcier les choses *biscornues*,
Fioles, filtres, fourneaux, alambics et cornues,
De leurs débris de verre, en diamants, taillés,
S'en vont crever les yeux des hiboux empaillés,
Et l'on voit se sauver, devant la canonnade,
Tarente, scorpion, rat et *rate penade*.

Facho de malamouar, à travers ces dégâts,
Enfourne, dans un sac, ses singes et ses chats,
Et se sauve, en hurlant, sous les coups de *calade*.

Victoire ! c'est l'instant de lui toucher l'*ooubado*.
Fanfares, *tire vins*, charivaris d'enfer,
Heurtent des *cocoumards* les *cabusseou* de fer,
Tandis que les vainqueurs vont planter leur bannière
Sur les débris fumants du toit de la sorcière.

UN PARLEMENTAIRE.

C'est l'heure où le bivac se forme. Assis en rond,
Lazare et *Mouredu* boivent un *chicouron*.
Mais *qui vive* ! un drapeau, dont la couleur éclate,
Fait cesser, au dehors, les coups de pierre plate :
C'est un parlementaire, il se hâte à grands pas.
Bouscarle lui répond : « çam'arémarque pas !
« Si vous ête un espien, vené qu'on vous rémouque,
« Z'au quartier zénéral, devant Mouredu Fouque. »

Mouredu, se levant, lui dit : Qué m'y voulés ?
« Zé soui, dit l'étranger, Geppe, lé zinouvés,
« Marsan dou vin d'Arenc, a douzé sou lou litre.
« Vi m'avé embrigué au moins quarante vitre,
« Toué dou san lapin gra coumo di mouton ;
« Vi m'avé ensouqué l'ane dou carreton ;

« Vi m'avè fè souvé mé cien caffi dé rasque ;
« Vi avè démouli le toi dé la Tarrasque,
« Doun soui proupriétère, et vi avé davan,
« Témoin, din lou poussieou, lou porc encour vivan,
« Broulè lou galinié. — per tou cé préjoudice,
« Sé vi né voulé pa qué z'aille à la poulice,
« Dounè mi trè cen fran, per lé ça è lé cien
« Qué vi m'avè toué. Foou qué siégue Pruissien
« Vobèn Mas, dit Nouffu, Sei brayo sentoum l'uselé.
« Sé voou, din lou port noou ana souta des muselé,
« Prénes lou per lei flan et, zou ! vague à la mer !

« Si vous ète un espien envoyé par Bismar,
« Ajoute alors Bouscarle appelé Faribole,
« Garsa mi léou lou cam en jugan dé guibole,
« Vo ti foou esquichad tu émé tei lapin. »

Ét soudain, Geppe a fui sous les coups d'*estoupin*.

UNE GRANDE BATAILLE EST IMMINENTE

Mais l'horloge des Docks marque la cinquième heure.
Pitalugue a juré qu'il faut qu'il vainque ou meure.
Pensif, Lazare garde un silence profond.
On entendrait voler un *tavan* au plafond,
Et dans chaque ambulance, à l'abri des *calades*,
L'infirmier laisse en paix, *roupier* ses malades.
L'astre du jour décline à l'horizon lointain,
Et la lune, à travers le brouillard incertain,
Sur un clocher qui semble une mitre d'évêque.
Dessine vaguement sa tranche de pastèque.
L'air est calme. La mer sourit aux matelots.
On voit *tavanéger* les *gabians* sur les flots.
D'Arenc à Saint-Henri, de Niolon à l'Estaque
Rien ne semble indiquer une prochaine attaque.
Soudain, le *pescadou*, péchant mesquinement
Trois *gobi* pour mouiller deux tranches seulement,
S'arrête. — Un *massacan*, plus lourd qu'une *mouissale*,
De l'orphéon d'Arenc fait trembler la grand'salle.
L'orphéon, assourdi du coup de biscaien,
Se sauve en s'écriant : « *Caspi* ! *qué musicien* !
Vainement *Saint Mauron* déploie en tirailleurs
Les plus hardis *palé* de ses francs batailleurs,

Les *Crottes, Saint Mauron, d'Arenc* à la *Villette*,
Sont mis par *Pitalugue*, en déroute complète :
Vainement *Sabatier, quéquou* de l'ancien port,
Leur fait, par le moulin, arriver du renfort,
Lazare, cet enfant chéri de la victoire,
S'avance ou se replie en se couvrant de gloire :
Trahison ! Les *Prêcheurs*, les *Carmes, Saint-Victor*,
Vont, par leur jonction, soutenir la *Major* ;
Lazare ce héros, du feu dans les paupières,
A fouillé vainement son arsenal de pierres.
Il ne lui reste plus ni cailloux ni crottins.
Que va faire *Samson* devant les Philistins ?
Il prend un *caraman*, propice aux embuscades.
Il fait, devant les docks, dresser des barricades,
Et l'on entend ce cri des épiciers voisins :
« *Cresi qué la dé bru, ferma lei magasin !* »
La panique s'accroît au point qu'on ne sait dire
Quel désastreux démon les pousse, les inspire,
Et fait, sur le recto du plus noir des feuillets,
Tomber les communeux sous les coups Versaillais.

Ici, plus que jamais, la mêlée est farouche :
On se prend aux cheveux, on se peigne, on se mouche.
Le jeu de *bataillon* se tait sur chaque point,
Et les coups de cailloux font place aux coups de poing.

Certes ! ne croyez pas que leur bande pâlisse
A l'apparition d'un agent de police.
En masse, criant : « sus à l'ennemi commun ;
D'ennemis qu'ils étaient, tous les camps n'en font qu'un,
Comme un essain d'oiseau qui rit, tempête, beugle
Autour d'un arbre où perche une chouette aveugle,
Ils cernent par derrière ainsi que par devant,
Le commissaire pris dans un cercle mouvant.
Et tandis qu'à son front le bicorne chavire,
La bande s'évapore en criant : « *vire vire !*

ÉPILOGUE

On dit que, survenu pour régler leurs papiers,
Un magistrat, suivi de nos sapeurs-pompiers,
Ne fit cesser le feu de leur artillerie
Qu'à l'aide du renfort de la gendarmerie.

www.ingramcontent.com/pod-product-compliance
Lightning Source LLC
Chambersburg PA
CBHW071450060426
42450CB00009BA/2371